Uređuje
NOVICA TADIĆ


Likovno oblikuje
DOBRILO M. NIKOLIĆ




Na koricama
M. C. ESCHER
*Sonne und Mond*, 1948

znakovi pored puta

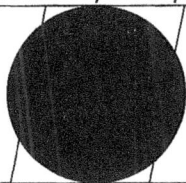

Vojislav Vukotić

# BEŽANIJSKI BREG

*esme*

Rad | Beograd
2001

# BREG

*Za Belu Flajšmana,*
*prijatelja i prevodioca*

Sud u Davosu,
Strma ulica,

Sudija im pokazuje
Stazu koja vodi na
Breg.

A kad stigoše na breg,
Ukaza se nestvarna slika,

Sanatorijum je stajao
Kao otvorena knjiga,
Na pisaćem stolu.

Dalje od brega,
Samo je On,

*Čarobni breg.*

# BEŽANIJSKI BREG

# BEŽANIJSKI BREG

Bežanijski breg,
Sanatorijum,

Doktor Fostikov,
Otac kozački general.

Čita poklonjenu knjigu,
Pastir traži dno neba,
Pesnika Pauna Petronijevića.

Smrt pesnika.

Piše prvu pesmu,
Nije objavljena,

Jer je lična.

# PISMO IZ 1962. GODINE

U ovo davno doba,
Pokazalo se tačnim,
Pre nego što je mislio,
Možda i pre toga,
Ali svakako pošto je knjiga izašla,
Kako to kažu njegovi prijatelji,
Prepoznalo ga je Dno neba.

A tu gde je mislio,
Mislio da ipak stoji,
Mislio da ipak voli,

U prozoru Fruške gore,

Pisao je, Dragi Vojo, dobio sam
Tvoje pismo i isečke iz *Stremljenja*
Sa mojom i Dobričinom ( Erić ) pesmom...

## POSETA

U krugu Sanatorijuma,
Čita Čarobni breg.

Dijalog
Hansa Kastorpa
I gospođe Šoše,
Prekida gospođica Mila
Koja prodaje ljubičice,
Ubrane na Bežanijskoj kosi,
U vezama složene u kotaricu.

Pita ga da li je stigao
Do ruskog poljupca?

Kapija se zatvara,
Iza sunca.

# VITRANJC

Dom u Mojstrani,

Ona ga pita,
Hoće li s njom,
Na Vitranjc,

Želi da vidi
Alpe.

Pored postaje žičare,
Na terasi planinarske kućice,

Kaže mu da ima
Oštre crte lica,

Kao da dodiruje
Strane Triglava.

On gleda gnezda sunca,
Na kamenim vrhovima,

U njenim tamnim očima.

# MENZA TRI KOSTURA

# MENZA TRI KOSTURA

Menza tri kostura,
Jela bogovska,
Ljubav platonska.

Oporavak u Mojstrani,
U Belom potoku,
Podno Triglava
Podno Avale.

Šezdeset osmo proleće,
Zabranjen „Student"
Zabranjeni „Vidici",

San otvara kapije
Kapetan-Mišinog zdanja.

Menza pored Velike Morave,
I zatvorski pasulj bogovski.

Opet Menza tri kostura...

# MALI KALEMEGDAN

Mali Kalemegdan.

Noć menja odbačene ideje,
Arej je sve duše
Zamenio kao zlato.

Po volji svojoj,
Prodali su bon za večeru,
Platili ulaznicu.

Mali Kalemegdan.

Deca se smeju,
Košavi u lice.

Menjaju sličice bombardera.

# RIMSKI BUNAR

Rimski bunar,
Vode nema,

Plaća se pogled u tamu,

Rimljana,
Ili Turaka,
Svejedno.

Brani se metaforom
Uvodne pesme
Iz rukopisa

Nepoznatog autora.

# STAMBOL KAPIJA

Stambol kapija,

Nad njom
Nebo bez pokreta,
Negostoljubiva slika.

Ratno ostrvo,

Svetlost zakopana,
Još od vremena
Rimljana,
Ili Turaka.

Podno Vidin kapije,

Divlje zelje
I riba,
U kotliću.

Ribar se pita,
Koji je danas
Dan krivice.

# KALEMEGDANSKA TERASA

Na kalemegdanskoj terasi,
Sedi sam za stolom,

Naspram njega zvezde.

Konobar sa belom salvetom,
Preko leve ruke,
Prilazi im i kaže,

Znači dva pića,
Koja piju reke,
Sa dva zraka.

Tamno jelo,
Samo od juče,
Ukrašeno plavim perom
Ptice koja je letela
Iznad Avale.

# JUTRO NA TAŠMAJDANU

Sadašnje forme prozora,
Nisu našle u pesmi
Svoj zabranjeni pogled.

Suncokret na terasi,
Više nije siguran
Na kojoj je strani,
Kad u sunce gleda.

Deca opisana u pesmi,
Nisu razumela jutro
Koje je ozelenelo
U dopisanom stihu,

Šta jutro,
Izvan stiha,
Misli na Tašmajdanu.

# PREDANJE

Predanje o ćupriji
I rospi-ženi,

Danas,
Poetski zvuči.
Lepota i kazna,
Sve zbog Dunava.

Sablja iskovana,
U Vinči.

# STUDENTSKI TRG

Dve pesme,

Objavljene u „Vidicima“,
U jednom prolećnom broju,
Posle ukinute zabrane.

Primopredaja pesama,
Između autora
I glavnog urednika,
Nikole Višnjića,
Izvršena u autobusu,
Pored Pravnog fakulteta.

Studentski Trg,
Proleće ne misli zeleno.

# ZVONIK

Danas je nedelja,
Za kim zvone poluostrva
Na pustoj palubi vetra?

Za kog je isklesan kamen
Od modrih blokova neba?

Postoji jedan put,
Al' cvet se nikad ne vraća
Tamo gde mu oblik osta.

Zar još nema lađe,
Nit vetra pogodna.

Danas je nedelja,
Za kim zvone poluostrva?

# POVRATAK REKE

Dani izlomljene svetlosti,
Daleke kolibe sunca,
Gledam sa kamene obale
U kapljici modrog vala.

Neverna ružo pepela,
Na dohvat jeze i ruke,
Sretoh belu košuljicu na putu,
U njoj nikog ne beše,
Niti nađoh među svicima druga.

Znam da šuma nešto krije
Između vitkih stabala i kiša,
Samo sumnja nije dovoljna
Za miris divljih pasa.

Uvek se neko rodi,
Kad iznenada uzleti ptica.

Na tragu smo samo povratka reke,
Umiru gola otočja,
Sa sjajnim očima riba.

# DONJOGRADSKA ULICA

Pokušava da se uspravi,
Poput reke i vetra,

Drži se svetlosti
Bele kule,

Crvene jabuke,
Iz prošle zime.
Njegove daleke misli,
Negira tamnim semenjem,
Idejom rimskog puta,

Greškom ranog crva
I vazda niskog sunca.

# HLEB I NOVINA

Na pustoj strani ulice,
Vetar duge kose
I zelenih očiju,

Iz preka,

Nosi beli hleb,
Uvijen u novinu.

Pored nagorelog kontejnera,
Čovek jede hleb,
A njegov pas,

Čita prvu stranu novine.

# PUT

Danas je nedelja.
Na crkvi,
Zvone zvona.

Put uvek isti,
Lađa umesto mosta.

Miriše vetar,
Cvet nestaje,
Oblik ostaje.
Učenje predaka.

# SVICI

Proleću i njoj,
Sada je tačno,
Trideset i dve godine.

Proleće ima unuku.

Jedan svitac,
Traži druga.

Pita drugog.

Među svicima,
Nema drugova,
Kaže drugi.

Odlučio je da sačeka,
Povratak reke.

# POGLED IZ ISTORIJE

U bronzanom pogledu
Pesnika,
Izvan ravni biste,

Ptica nosi suvu grančicu,
U savijenom kljunu.

Rukom kojom ne piše,
Ona pokišava da
Uhvati ispalu grančicu.

Ispod prve pukotine neba,
Iz koje lipa raste,

Našla se i pesnikova ruka.

# UPUTSTVO

Podno Bežanijskog brega,
Grad studentski,
Blok četvrti,
Zabranjena poseta.

Sa prozora na drugom spratu,
Daje mu uputstva,
Kako da se sačuva od virusa.

Kloni se podvožnjaka,
Ulice i menze,
Čitaj knjigu u hodu,
Posmatraj reku koja teče.

Kako ne razumeš?

Proleće je već
Steklo imunitet.

# INTERNACIONALNI KAMP

Kamp studentski,
More radničko,
Biokovo pučansko.

Makarska luka,
Brižit se smeje i plače,
*Raša pauvre*, kaže.

Brod isplovljava.

Plato kampa,
Proslava julske smene,
Rašin drug
Brižiti čita pesmu
So i ljubav.

Noć naglo gasne,
Brodovi isplovljavaju
U isto vreme.

# ZAVEŠTANJE

# ČISTAČ OBALE

Čistača obale,
U plavom kombinezonu,
Pozivam na kafu.

Kaže da kafu
Pije samo sa suncem,
Ali razgovor ne odbija.

Nema naglasak mora,
U očima dna,
Dok govori o zrnu
Egejskom

A ja ne razumem,
Vetar na njegovom licu,
Kosu liniju mrtvog insekta,
Koju dovršavam u beležnici.

# POETIKA

Pesma o zrnu
Egejskom,
Napisana je već.

U njoj se oseća,
Poetika
Stvoritelja.

Samo se na ovoj obali
Može razumeti.

# VRTLAR

Naviknuće se na sunce,
Što zalazi na jugu,
A na slici,
U uglu severa,

Za leđima ostarelog vrtlara,

Dok sadnicu platana
Spušta u zemlju.

Na naličju slike,
Slikar je zapisao,
Konačna reč vrtlara.

# VATRA

Spoznaće vatru
I vodu iz česme,

Spoznaće pesmu.

Misli da piše,
Sve dok se
Kosi zrak
I ljubičasto mastilo,

Ne istroše.

# ISKONSKI SAN

Spoznaće i slike
Koje su nešto tamnije,
Od slika iz iskonskog sna,

Iako su delo istog slikara.

Razlika u tonovima,
Govori da su slikane
Po zamislima nepoznatog
Poručioca,

Koji je odlučivao o izboru
Motiva i osnovnim bojama.

Čak i da kritika bude ista.

# KOŠAVA

Zavoleće Košavu,
Zidine Donjeg grada,

Ljude pored njih.

Slično misle,
Slično govore,
Slično zagledani u vodu.

Na isti način se vide.

A reka,
Na njihovim licima,
Nije ista.

# MOGUĆNOST

Zavoleće reku,
Njene boje,
Senku.

I senke senku.

Zavoleće tu tamu,
Svetlost ne daje
Takvu mogućnost.

# SITNICE

Umesto mrtvog ugla,
Dobili su mesto,

Na jednoj strani rukopisa.

Naspram njihove igre,
Na drugoj strani,
Ribar vadi rebro
Ispod levog pazuha.

Ostavlja ga na kraju stiha.
Večeraju presečeni Mesec.

# JABUKA

Jabuka na zidu,
Ne može se podeliti.

Prekinuo bi se zrak.

Njen pogled,
Ne bi ostao isti.

Kasno je za razloge
Svetlosti o započetoj nadi.

Izbledela je osnovna boja.

# GLAD

Pored žene,
Od peska i soli,

Sleteo je galeb.

U njegovim očima,
Čudna ideja gladi
Iz moga davnog sna.

Ali zašto
Mislim da čitam
Plave oči psa.

To i Markes zna.

# PESMA PRVA NASLUTI

# EPITAF

*Pavlu*

Ako ti smrt
Ništa ne kaže,
Pročitaćeš u ovoj knjizi.

Pesma prva nasluti.

Sunce od juče,
Senka od juče,
U polju od juče,

*A reč je Pravda.**

---

* *Argonauti*, Jorgos Seferi

# MAGIČNA MEDICINA

U istoriji jezika mora da je postojao trenutak, dok smo bili u koštacu sa svetom, kad je iskonski krik, pretvoren u pesmu, počeo da se artikuliše i kao priča. Govorni gest hteo je da bude istovremeno povest sveta i saopštavanje naše reakcije na svet. I tako je pesma počela da pripoveda, i tako je mit, zaodenut opnom reči, progovorio u isti mah kao događaj i kao stvaranje.

Baštinica tog davnašnjeg trenutka ostala je poezija koja nikad nije htela da se liši pripovednosti ili skrivenog epskog naboja, neprestano ostajući u samom srcu poetskog jezičkog čina. Kao što takvo inventivno opredeljenje prepoznajemo u znatnom delu kasnog pesništva Vaska Pope, evo ga delotvornog i prisutnog kod Vojislava Vukotića. Napredujući odmereno, poprimajući izgled životne mudrosti, ne kiteći se u težnji ka jednostavnom, Vukotićev izraz dočarava nam izvesnu poetsku autobiografiju čiji subjekt osvaja sve više svojstava sa očitošću sve manje osporivom.

## 1

Postoje u nekim pesmama elementi bezmalo biološki, koji prate lutanje našeg duha u organskom tkivu, i koji su ispunjeni skrovitom svešću o starenju. I odjednom, usred takvih saglasja, rekao bih mističkih, starenje koje se seća promeće se u san o mladosti. Ono što se odigrava u pojedinim od pesama ove zbirke, postaje naposletku presudno za rasplitanje niti smisla u svim njenim pesmama. To je čudo tumačenja pesništva. Sve što je naoko sporedno zauzima mesto nezaobilaznog. Sve postaje cilj. U pesmi nikad nema manjka, i nikad nema viška. Ona nam biva sva poklonjena ili, naprotiv, cela oduzeta. Zašto sam uopšte spomenuo starenje? Prvi put u svom interpretativnom iskustvu, i još više čitalačkom doživljaju, suočen sam s mogućnošću da i naše jezičke tvorevine podjednako stare kao što čovek stari. Nema to veze s vremenom kako ga uobičajeno shvatamo kao hronološku iluziju. U pitanju je izvesno unutrašnje trajanje koje zahteva trošenje energije i tkiva, nadoknađujući taj trošak osobenim sazrevanjem. Gotovo da je reč o nečemu nalik starenju vina. Dovoljno je da vino postoji, a u njemu se mimo svega izvršava proces u kojem sastojci, ostajući isti, menjaju kvalitet. Dovoljno je da pročitamo pesmu dvaput i da uočimo na koji način ta pesma stari. Taj način je identičan s našim starenjem. Svako čitanje dopunjava unutrašnje trajanje pesme, svako drukčije ispunjava svoj udeo u vanvremenim procesima pesništva. Više nego ijedna druga tvorevina u jeziku, pesma se u tom pogleda izdvaja, primajući u sebe mirise i boje našeg raspoloženja, upijajući naše unutrašnje trajanje, i pretvarajući se, u nama, u nešto što nas čita dok ga mi čitamo.

Vukotićeve pesme odlikuju se upravo time da su umele da u meni izazovu samosuočavanje sa starenjem. Bivaju nam poklonjene kao sećanje.


2


Sećanje je i čitanje. Nisu bez razloga u ovim pesmama prizvane druge knjige. Bilo da je reč o Tomasu Manu ili Gabrijelu Garsiji Markesu, sećanje na njihova dela zapravo je jamstvo čitanja sopstvenog života. U odblescima, u nekadašnjim utiscima, u preporodu osećanja i raspoloženja, u rekreiranjima istorije, uskrsava prošli svet u sadašnjem, uzimajući iz knjiga i vraćajući im u vidu života.

Namamljeni smo u svet života kao u svet jezika, a u svet jezika kao u svet pesništva, a na koncu ćemo ustanoviti da je ovaj trenutak samo neki davni san o budućem vremenu koje se odigrava upravo sada. U takvim krugovima, osmicama, petljama koje se beskonačno učvoruju, pesnik svoje lutanje zamenjuje za naše, te i mi u njegovo useljavamo svoje ideje i svoja iskustva. Recimo, baš kako nalazimo u jednoj od pesama, da dobijamo mesto na jednoj strani rukopisa. Nije to mrtav ugao. Ispod našeg pazuha se vadi rebro koje će biti ostavljeno na kraju ovog ili onog stiha. I mi, svi skupa, večeravamo u pesmama presečeni Mesec. Tako shvatamo razloge postojanja pesama. Shvatamo ih ne pitajući, kao što ne pitamo za razloge života. Naš ugao u pesništvu je uvek aktivan, živ: ne možemo bez pesama, kao što pesme ne mogu bez nas.

## 3

Bolje od nas pesme same sebe izlažu. To je jedno od tajnih mesta oko kojih se vrti Vukotićeva pustolovina. Da biste, naime, razumeli ideju gladi, morate i sami biti gladni. Valja u sebi samom izdržati suštinu onoga što iziskuje da bude saznato neposredno i preko granica za koje verujemo da su međe dokučivog. Tako na poeziju gleda Vukotić: to je način na koji ona sebe razumeva i razumeva sve drugo. Ukratko, to je način stvaranja i razumevanja sveta. Po tome, pesništvo je oduvek bilo magija.

Ono je vradžbina, ali od dobrih, belih čaranja koja nas štite. Ako je od prapočetaka reč bila čarobnjačka, isceljujući nas pod bremenom sveta čije se događanje odvijalo na nama, čija je istorija tražila da bude u nama, Vukotićeva odluka je ne samo saglasna s tim, nego snagu reči pretvara u opšti vidokrug poezije. Reči su lekovite. Poezija je univerzalna terapija. Čitanje je put isceljenja. A sećanje doziva svet kao sanatorijum u kome bivamo lečeni od sveta. Taj paradoks, ključan za ovu najnoviju Vukotićevu zbirku, simptom je postojanja pesnika u bolesnom svetu. Ta nestvarna slika brega na kojem je lečilište, brega utočišta pred poharama i pošastima, i gde se rađa ljubav, i gde učimo da iznova živimo, brega kao padine, kao kose niz koju se iskazivanje svetlosti i tame pokazuje kao istovetno, na kraju se ispostavlja kao otvorena knjiga, odložena u nedostižnom Davosu ili na bliskoj Bežaniji, u koju su slivene sve ostale knjige. Teško je odoleti sugestiji koja dočarava poeziju kao magičnu medicinu. A i zašto bismo se tome opirali kad je svaki korak naš dokaz verodostojnosti snova kojima nas obasipaju pesme? Dok hodam među pesmama, naklonjen čitaocima, kojima zahvaljujem što su me dovde doveli, upravo na ovom mestu, otvorenom ali ne i besputnom, mašem im na oproštaju, puštajući ih da se sami, posle svega, vrate pesmama Vojislava Vukotića za koga vam predlažem da ga ne izuzimate iz nestvarne slike ovdašnjeg pesništva, bilo da se ono uspinje ili silazi. Dok starimo, ne hitajući, šetam s njim, i razgovaram s njegovim pesmama, predajući se magičnoj medicini reči od beskraja do beskraja.

Jovica Aćin

# BELEŠKA O AUTORU

Vojislav Vukotić, diplomirao na Pravnom fakultetu u Beogradu. Objavio je knjige pesama: *Oklopnik sunca* (Beograd, 1972), *Odbrana trajanja* (Beograd, 1982), *Pogođene oči* (Beograd, 1996) i *Bela kost* (Beograd, 1999). Pesme je objavljivao u „Književnim novinama", „Studentu", „Vidicima", „Mladosti", „Stremljenjima" i u drugim književnim časopisima i listovima.
Živi u Beogradu.

# SADRŽAJ

## BEŽANIJSKI BREG

## MENZA TRI KOSTURA

## ZAVEŠTANJE

## PESMA PRVA NASLUTI

Vojislav Vukotić
BEŽANIJSKI BREG

\*

Glavni urednik
NOVICA TADIĆ

\*

Recenzent
JOVICA AĆIN

\*

Lektor i korektor
MIROSLAVA STOJKOVIĆ

\*

Izdavač
I P RAD
Beograd, Dečanska 12

\*

Za izdavača
SIMON SIMONOVIĆ

\*

Priprema teksta
Grafički studio RAD

\*

Štampa
SPRINT, Beograd

CIP– Katalogizacija u publikaciji
Narodna biblioteka Srbije, Beograd

886.1-1

VUKOTIĆ, Vojislav

    Bežanijski breg / Vojislav Vukotić. – Beograd : Rad,
2001 (Beograd : Sprint). – 60 str. : slika autora ; 21 cm. –
(Znakovi pored puta)

Beleška o autoru: str. 53.

ISBN 86–09–00731–6

ID=89897996